[p. 45. 80A]

RELATION
DU VOYAGE
DE SON ALTESSE ROYALE
MGR. LE DUC DE BERRY,

Depuis son débarquement à Cherbourg, jusqu'à son entrée à Paris.

A ROUEN,

Chez N. HERMENT, Imprimeur de l'Académie Royale, rue Nationale, N°. 24,

ET SE TROUVE CHEZ LES LIBRAIRES.

1814.

RELATION
DU VOYAGE
DE S. A. R. MGR. LE DUC DE BERRY,

Depuis son débarquement à Cherbourg jusqu'à son entrée à Paris.

Le 13 Avril 1814, le pavillon blanc avoit été arboré solemnellement dans toute la rade de Cherbourg par M. le Préfet maritime, à la tête des Autorités de la marine, convoquées à cet effet. Cette cérémonie venoit d'être célébrée aux acclamations de toute la population et au bruit de nombreuses salves d'artillerie, quand, sur les dix heures du matin, l'apparition d'une frégate portant le pavillon blanc au haut de son mât, mit le comble à l'alégresse publique. On ne douta point qu'elle ne fut montée par Monseigneur le Duc de Berry, dont on connoissoit l'arrivée à Jersey, et vers lequel une députation avoit été envoyée la veille dans cette île, pour le prier de vouloir bien débarquer à Cherbourg. C'étoit en effet la frégate anglaise *l'Eurotas*, armée de quarante-quatre carronades, qui conduisoit S. A. R. à Caen; mais le cœur du Prince étoit impatient d'aborder la premiere terre de France, et à la vue du pavillon blanc qui attestoit que la ville de Cherbourg avoit reconnu son Roi légitime, S. A. R. changea de dessein, et demanda au capitaine anglais de le faire entrer dans la rade de Cherbourg.

A la vue de cette frégate, M. le Général commandant la division, M. le Préfet maritime et les principales Autorités s'empresserent de monter dans des canots, et d'aller le plus loin possible au-devant du

Prince lui offrir leurs hommages. S. A. R. daigna les accueillir avec la bonté la plus affectueuse, et entra dans la rade où tous les vaisseaux étoient pavoisés et la saluerent de toute leur artillerie.

A peine *l'Eurotas* eût-il jetté l'ancre, que S. A. R. descendit avec sa suite pour se rendre à bord du vaisseau amiral, qui la salua une seconde fois de vingt et un coups de canon. Les cris de joie et les acclamations de l'équipage s'entendoient distinctement de la côte.

S. A. R. descendit ensuite seule dans le canot du vaisseau amiral, et vint, suivie des canots qui portoient sa suite, les Autorités et beaucoup d'habitants, aborder au fond du grand port, au milieu de toute la population de la ville et des environs, pressée sur les quais et ivre de joie de pouvoir contempler l'un des plus illustres rejettons de cette auguste Maison de Bourbon à qui la France a dû depuis tant de siecles son bonheur et sa gloire. Bien avant de débarquer, S. A. R. fut saluée par toute cette population des cris mille fois répétés de *vive Louis XVIII! vivent les Bourbons! vive le Duc de Berry!* Dès qu'elle eût mis pied à terre, elle s'en trouva entourée au point de rester long-temps séparée de sa suite, composée de MM. le comte de la Feronays, son premier gentilhomme de la chambre; le comte de Nantouillet, son premier écuyer, et les comtes de Clermont-Lodève et de Mesnars, ses gentilshommes d'honneur.

Les Fonctionnaires purent à peine adresser quelques mots au Prince, tant il se laissoit approcher avec bonté par un peuple avide de le voir. Il sembloit même se complaire dans cette foule, au milieu de laquelle il laissa échapper des marques d'attendrissement qui redoublerent l'émotion générale. Il fallut, pour ainsi dire, que S. A. R. fit un effort sur elle-même pour s'éloigner de cette scene touchante et se rendre à la voiture qui l'attendoit. La même foule et les mêmes cris de joie la suivirent pendant sa marche à l'hôtel de la préfecture maritime, dont les appartements étoient disposés pour la recevoir, et où elle daigna accepter un dîner que M. le Préfet maritime eût l'honneur de lui offrir.

Pendant ce temps, on illuminoit la ville et le port. Tout le public se réunissoit autour de la Préfecture. La musique exécutoit les airs chéris de *la Paix*, de *Henri IV* et de *Où peut-on être mieux qu'au sein de sa famille?* S. A. R. avoit la bonté de céder de temps en temps à l'empressement du public, en venant se montrer aux fenêtres; le public la remercioit aussi-tôt de cette complaisance, en redoublant ses cris de *vive le Roi! vive le Duc de Berry!*

Les Autorités, les Fonctionnaires publics, les Chefs de Corps de l'armée de terre et de mer, et de la Garde nationale, les Tribunaux civil, des Douanes et de Commerce, le Clergé de la ville, eurent l'honneur d'être présentés à S. A. R. qui les accueillit avec un intérêt et une affection touchante; elle leur fit l'honneur de leur dire à tous des choses gracieuses. Les Dames de la ville eurent aussi l'honneur d'être présentées au Prince et de lui témoigner la part qu'elles prenoient à la joie qu'excitoit sa présence. Elles en furent également accueillies de la manière la plus aimable et la plus gracieuse.

La soirée fut terminée par une promenade que le Prince voulut faire dans toutes les rues de la ville, en calèche découverte; il fit placer dans sa voiture M. le général de division, M. le général Préfet maritime et le Sous-Préfet: la voiture marchoit au pas pour donner le temps au peuple de voir S. A. R. et de lui faire entendre les acclamations de sa joie.

La voiture étoit près de rentrer à l'Hôtel de la Marine, quand M. le Comte de Nantouillet, venu d'Angleterre avec le Prince, s'approcha de la voiture, et dit : « Monseigneur, voici un de mes camarades de l'armée de Condé, que j'ai l'honneur de présenter à V. A. R.; c'est M. de Chantort. » Le Prince le salua affectueusement, et lui demanda si la blessure de sa main étoit guérie ? A cette touchante question, M. le Sous-Préfet de l'arrondissement s'écria : » Monseigneur, voilà bien la mémoire du cœur ». Monsieur le général de division et M. le Préfet maritime, mus par un même sentiment, répliquèrent aussi-tôt : » C'est la mémoire des Bourbons. »

Ce fut ainsi que se termina cette mémorable journée, où tous les regards, toutes les pensées se tournèrent délicieusement sur le bel avenir qu'il n'est permis que depuis quelques jours aux Français d'espérer, et dont l'arrivée du Prince fournissoit un si précieux gage.

Le 14, on vit reparoître en mer, de grand matin, le cutter envoyé la surveille au-devant de S. A. R. à Jersey : les deux bâtiments ayant fait différentes routes, ne s'étoient point rencontrés ; les députés avoient eu au moins la satisfaction, à leur arrivée dans l'île, d'y apprendre que les habitants avoient fait tous leurs efforts pour être agréables au Prince pendant son séjour au milieu d'eux; qu'il y étoit chéri comme s'il eût appartenu à la famille de leur Souverain, et qu'ils avoient saisi toutes les occasions de lui témoigner leur respect et leur amour. Le jour de son départ, ils l'avoient salué de dix-huit cents coups de canon; le général Don, gouverneur de l'île de Jersey, prenoit plaisir à raconter aux Députés qu'il avoit eu l'honneur de voir le Prince pendant plusieurs années dans des situations difficiles et périlleuses, et qu'il s'y étoit toujours montré ferme, généreux, magnanime et supérieur à sa fortune. Les Députés, aussi-tôt après leur retour, furent admis à présenter au Prince leurs hommages et leurs regrets de n'avoir pas été assez heureux pour le rencontrer; il eût la bonté de leur répondre qu'il n'avoit pas été moins sensible à leur démarche : ils eurent en même-temps l'honneur de lui faire la remise des paquets dont ils étoient chargés. Ces députés étoient MM. de Latuolaye, Montagnès-Laroque, Groult, Guiffart, de Gigault, de Lachapelle et Dutot.

Le Prince, de retour à l'Hôtel, reçut plusieurs gentilshommes qui s'étoient empressés de venir lui présenter leurs respects et l'assurance de leur dévouement à son auguste Famille. S. A. R. les honora de l'accueil le plus affable, et les entretint avec cette touchante bonté qui le distingue. Elle remarqua dans l'appartement le général anglais Sir John Doyle, Gouverneur des îles de Guernesey et d'Aurigny, et lui fit l'honneur de l'entretenir un moment. Le Prince n'oublia pas les pauvres de l'hospice, ni quelques familles indigentes qui ont été averties de sa présence, par ses bienfaits; il n'oublia pas non plus six cents conscrits réfractaires qui étoient consignés pour leur désobéissance dans plusieurs des forts de la côte, et auxquels il procura le bonheur de revoir leurs familles; il fit la même grâce aux marins détenus pour cause de désertion. Il ordonna aussi de remettre au Capitaine de la frégate anglaise tous les prisonniers de cette nation qui pouvoient se trouver à Cherbourg. Il daigna encore s'entretenir avec tous les fonctionnaires civils et militaires qui étoient là pour prendre ses derniers ordres. Ils le conduisirent jusqu'à sa voiture, où il mit le comble à leur satisfaction, en leur faisant la promesse de revenir à Cherbourg.

M. le Général de division, Comte de Lorencez, qui a eu l'honneur d'accompagner S. A. R. jusqu'à Paris, prit place dans sa voiture. M. le Préfet maritime eût l'honneur de l'accompagner jusqu'au-delà des limites de la ville.

Toute la Garde nationale et les Troupes de ligne bordoient la haie dans les rues par où le cortège passoit. La Garde d'honneur à cheval et la Gendarmerie escortoient les voitures qui alloient au pas, pour que le peuple pût les suivre et donner au Prince un dernier témoignage de sa joie et de son amour. Les acclamations de *vive le Roi*, *vive le Duc de Berry!* couvroient les sons de la musique militaire qui accompagnoit le cortége.

M. le Sous-Préfet, M. le Maire et les Adjoints, qui s'étoient rendus au-delà des limites de la ville, y ont reçu les derniers témoignages de la bonté de S. A. R. qui leur a assuré avoir éprouvé la plus vive satisfaction pendant le peu de temps qu'elle a passé dans la ville de Cherbourg. Le Sous-Préfet a eu l'honneur de lui répondre que tous les Français envieroient aux habitants de Cherbourg le bonheur qu'ils ont eu d'être les premiers à offrir à S. A. R. l'hommage de leur respect, de leur dévouement et de leur fidélité.

S. A. R. avant de partir, a permis que le vaisseau le Polonais, de quatre-vingts canons, monté par M. le Contre-Amiral Troude et par M. le capitaine de vaisseau Mequet, partît de la rade de Cherbourg pour aller prendre les ordres de S. M., et la conduire dans celui de ses ports qu'elle désignera. Il a appareillé par un vent de Sud, le même jour à six heures du matin, et sera arrivé probablement avant deux heures après midi à Portsmouth.

S. A. R., partie à midi de Cherbourg, s'arrêta quelques heures à Valognes, où elle entendit le *Te Deum*, reçut les Autorités, et fit à Madame d'Ocqueville l'honneur de dîner chez elle.

S. A. R. arriva le 15, à une heure du matin, à Saint-Lo, où elle daigna descendre à l'hôtel de la Préfecture. Elle reçut à dix heures les Autorités constituées, et se rendit ensuite, au milieu des acclamations d'un peuple immense, à l'église paroissiale, où M. l'Evêque de Coutances chanta un *Te Deum* en musique, en actions de grâces de cet heureux événement. A deux heures, S. A. R. partit pour Bayeux.

Aux approches de cette ville le Prince monta dans une calèche, où il daigna admettre M. le Sénateur comte de Latour-Maubourg et M. le Préfet du Calvados, venus à sa rencontre jusqu'aux limites du département; et à travers une foule innombrable, se rendit à la Cathédrale, où un *Te Deum* fut chanté. Toutes les mesures prises par la police devinrent inutiles. Le Prince fut porté par la foule jusqu'au sanctuaire, où il ne put qu'entendre imparfaitement le discours que lui adressa M. l'évêque de Bayeux.

Avant d'entrer dans l'appartement qui lui avoit été préparé chez M. le Maire, S. A. R. traversa la ville et consentit à allumer un feu de joie sur la place S. Sauveur. La calèche alloit au petit pas et étoit sans cesse arrêtée par des vieillards, des femmes, des militaires qui baisoient les mains du Prince, et que le Prince pressoit contre son cœur. La ville étoit sablée, toutes les croisées ornées de drapeaux blancs, semés de fleurs de lys d'or. Avant son dîner, S. A. R. reçut les autorités, et le soir, les dames de la ville.

Dans ces diverses audiences, chacun a reçu de S. A. R. les témoignages les plus flatteurs d'une bonté pleine de grâces. Une des personnes admises à l'honneur de lui être présentées, et qui avoit eu celui de servir sous ses ordres, lui ayant dit : Serois-je assez heureux, Monseigneur, pour être reconnu de Votre Altesse ? « Si je vous reconnois, mon cher S***, lui a-t-il » répondu en s'approchant de lui » et écartant ses cheveux ? Ne por- » tez-vous pas sur le front la cica- » trice honorable d'une blessure » que vous avez reçue dans telle » affaire ? »

Arrivé la veille à S. Lo, à deux heures après minuit, fatigué d'une journée si agitée, si pleine d'émotion, le Prince éprouvoit un pressant besoin de repos; il étoit dix heures du soir : mais le peuple, qui entouroit son palais, exprimoit le désir de le voir encore. S. A. R. se rendit à ses vœux, et voulut même se promener à pied dans les quartiers de la ville. Tant de bonté ne permit plus à l'enthousiasme de connoître de bornes.

Il est inutile de dire que le départ de Bayeux fut comme l'entrée, marqué par les transports de la plus vive alégresse. La garde nationale de la ville, commandée par M. Delatour-Dupin, fut remarquée par S. A. R., qui la passa en revue, et lui adressa des paroles flatteuses.

Nous omettions de dire que S. A. R. fit le même honneur aux élèves de l'école militaire de Saint-Germain, qui se trouvent maintenant à Bayeux, et qui lui furent présentés par M. le général baron de Maupoint. S. A. R. admira cette belle troupe, cette jeunesse d'élite, pépinière de nobles et fideles chevaliers.

Le 15, après avoir déjeûné chez M. l'Evêque de Bayeux, S. A. R., entourée de la compagnie de gardes d'honneur à cheval, et suivie de la gendarmerie royale, arriva à deux heures après midi aux portes de la ville de Caen.

Une grande quantité de calèches et de voitures remplies de dames élégamment parées, et une foule de cavaliers, se trouverent sur la route et grossirent le cortége, qui devint magnifique : toute la Garde d'honneur à cheval, si leste, si brillante, les Cuirassiers du quatrième régiment, les Etats-Majors, la Gendarmerie royale, la superbe Garde nationale de Caen, commandée par M. Ch. d'Hautefeuille, avec ses sapeurs et ses pompiers, formoient la haie ; tout concouroit à la beauté d'un spectacle qui, tout pompeux qu'il étoit, frappoit moins les regards qu'il ne touchoit les cœurs.

S. A. R. daigna accepter la calèche que M. le Préfet lui avoit offerte, et qu'on avoit attelée de quatre chevaux de choix. S. A. R. s'étoit proposée de faire son entrée à cheval; mais elle ne voulut pas se séparer de M. le général comte de Lorencez, qui avoit été constamment dans sa voiture depuis Cherbourg, et dont les blessures ne lui permettoient pas de monter à cheval[1]. Cette attention si délicate, cette preuve de l'estime pour l'armée dans l'un de ses chefs, fit la plus heureuse sensation parmi les troupes. M. le général baron de Laage, commandant la subdivision du Calvados, fut admis à l'honneur de monter dans la calèche de S. A. R.

A l'entrée de la ville, S. A. R. fut complimentée par M. le Maire, entouré des adjoints et du conseil municipal, et d'un grouppe nombreux de noblesse, de chevaliers de la légion d'honneur et de l'ordre royal et militaire de S. Louis.

Le cortége s'arrêta à l'église S. Etienne, où S. A. R. entendit le *Te Deum*, et reprit ensuite sa route à travers les rues Ecuyere, de Notre-Dame et de S. Jean, jusqu'à l'hôtel de M. le Sénateur Latour-Maubourg, où son logement étoit préparé.

A Caen comme à Bayeux, mais avec tout ce que peut ajouter de pompe à de telles dispositions les moyens d'une grande ville, les maisons étoient ornées de drapeaux blancs, de fleurs de lys, de guirlandes, de pavillons de toutes les nations en signe de la réconciliation européenne.

Jamais pareille affluence, jamais plus d'attendrissement, plus de joie! Les cris de *vive le Roi! vive Monseigneur le Duc de Berry! vivent les Bourbons!* ne formoient qu'une seule acclamation prolongée et soutenue. Le prince prodiguoit à tous les marques de l'affabilité la plus aimable, et on lisoit sur ses traits tout ce que son noble cœur ressentoit d'affection pour les compatriotes qu'il revoyoit après un si long et si douloureux exil.

A cinq heures et demie, S. A. R. se rendit dans les salons de l'hôtel-de-ville, où elle reçut les autorités. Toutes ses réponses ont été remarquables par la libéralité des principes, la justesse des réflexions et le sentiment qui en rehaussoit le prix. Chacun s'est retiré profondément ému.

Un dîner de quatre-vingts couverts étoit disposé dans les grandes salles du Museum ; quinze dames de la ville avoient été invitées, et l'on remarquoit parmi les convives MM. les ducs de Grenade et de Villa-Hermosa, prisonniers de guerre Espagnols, qui, ce jour là même, avoient reçu leur liberté.

Le public se pressoit à la porte de la salle. S. A. R. ne voulut pas qu'on s'opposât à son empressement ; mais bientôt on alloit être témoins d'une scene que la plume, le pinceau le plus habile ne sauroient décrire et rendre. Des enfants s'étoient approchés du fauteuil de S. A. R.; elle les caressoit, les embrassoit. M. Joyau, avocat, officier de la Garde nationale, tenoit son jeune fils par la main ; le Prince appelle cet enfant, le met sur ses genoux et l'embrasse. Le pere, à cette vue, verse des larmes abondantes ; l'émotion dont le cœur du Prince étoit rempli ne put plus se contenir; il se leve, serre M. Joyau dans ses bras, se rejette au milieu de la foule, embrasse, est embrassé, caressé, adoré. *Mes enfants, mes chers Français, je suis à vous, tout à vous.* Le délire est au comble, on tombe à ses genoux, les cris de *vive le Roi! vive Monseigneur le Duc de Berry!* se raniment avec d'indicibles transports; tous les yeux sont en pleurs, personne ne peut continuer le repas. Le Prince alloit succomber à l'excès de telles sensations. Il se retira dans les salons où S. A. R. put se remettre et respirer.

C'est dans cet instant qu'une députation de la haute Normandie, composée de MM. de Martainvile et Emmanuel Dambrai, lui fut présentée, et lui demanda, au nom des habitants de Rouen, de vouloir bien passer par cette ville en se rendant à Paris. Le Prince leur fit l'accueil le plus gracieux, et leur promit de se rendre aux vœux des habitants de Rouen.

S. A. R., digne fils de Henri IV, bon, populaire, spirituel comme ce grand Roi, est aussi comme lui chevalier courtois et galant. Point d'attentions charmantes qu'il n'ait eu pour les dames ; avant de se retirer, il leur demanda la permission de leur baiser les mains, sans oser, disoit-il, prétendre à plus de faveur; mais toutes furent embrassées et toutes l'embrasserent avec attendrissement et respect,

S. A. R. se rendit ensuite à l'hôtel de la Préfecture, où un cercle choisi l'attendoit : elle fut frappée de la richesse des parures, mais encore plus de la beauté de la plupart des dames, et de l'élégance, des manieres et des graces de toutes. A la fin d'un concert très-rapide, on chanta les couplets imprimés ci-après. S. A. R. se leva, vint

à

» à M. le Préfet, et lui dit : » *C'est* » *pour m'achever, M. le Baron.*«La veille, à Bayeux, il disoit en se retirant dans son appartement : » Je » n'en puis plus! j'en mourrai peut- » être! mais du moins, je mourrai » de joie.«

S. A. R. se retira à une heure et demie du matin, après une collation, dont elle fit elle-même les honneurs aux dames.

Le 17, à dix heures du matin, S. A. R. se rendit à l'église paroissiale de S. Jean, où elle entendit la grand'messe. Elle portoit l'habit de Garde nationale ; habit, répéta-t-elle souvent, dont elle étoit bien empressée de se parer, et qui seroit toujours son uniforme de prédilection. A la fin de la messe, M. l'Evêque de Bayeux obtint la permission d'adresser au Prince un compliment qui fit beaucoup d'impression, et fut suivi d'acclamations unanimes.

Rentrée dans son palais, S. A. R. reçut plusieurs députations, entre autres celle du collége électoral du département, et des Gentilshommes qui avoient pu arriver assez à temps pour avoir l'honneur de lui être présentés. Elle se rendit ensuite à la Préfecture, où elle resta près de deux heures ; et avant de rentrer chez elle, où des dames devoient être admises à lui offrir leurs hommages, elle parcourut deux fois les promenades, ayant dans sa voiture M. le général baron de Laage, M. le Préfet et M. le comte de la Feronays, précédée, entourée et suivie d'une foule immense ; souvent la calèche fut arrêtée, et chaque fois, se renouvella une partie de la scene de l'hôtel-de-ville.

S. A. R. vint à cinq heures et demie, dîner à la Préfecture, et se rendit au théâtre à sept heures et demie du soir ; les loges étoient toutes remplies de dames richement parées.

Un fauteuil avoit été placé à l'amphithéâtre pour S. A. R. ; des chaises étoient disposées pour les personnes qui devoient former sa cour, et les officiers supérieurs militaires étoient répartis à droite et à gauche sur des banquettes qui leur avoient été réservées.

Aussi-tôt que le Prince parut, tous les spectateurs se leverent, et les cris de *vive le Roi ! vive Monseigneur le Duc de Berry!* ébranlerent la voûte de la salle. Les dames chanterent en chœur et à plusieurs reprises :

Air : *Vive Henri IV.*

Tout nous enchante
Dans ce Prince chéri,
Bonté touchante
Nous peint le bon Henri;
Que chacun chante :
Vive à jamais Berry.

On joua la *Partie de chasse* et le

Déserteur, opéra. Il seroit superflu de dire que toutes les allusions furent saisies avec enthousiasme; le Prince ne pût résister au désir d'exprimer combien il étoit sensible à une telle réception. On chanta des couplets ; l'un d'eux contenoit le serment de suivre constamment le panache de Henri IV aux champs de la gloire : tous les spectateurs électrisés se leverent à la fois, et les bras tendus, répéterent ce serment aux cris réitérés de *vive le Roi!* Le spectacle se prolongea jusqu'à une heure après minuit, et S. A. R. ne voulut pas se retirer avant que la toile fût baissée, bien que son départ fut fixé au lendemain, sept heures du matin.

Parmi les traits touchants qui marquerent cette soirée, nous ne pouvons passer le suivant sous silence. Pendant l'entre-acte, la toile s'étant levée, l'on vit des groupes d'hommes, de femmes et d'enfants à genoux sur le devant de la scene. M. le Maire les présenta à S. A. R., en lui disant : Monseigneur, ce sont les prisonniers qui vous doivent leur liberté; daignez recevoir les témoignages de leur reconnoissance. » Ah! M. le Maire, » dit le Prince vivement ému, vous » ne pouviez jamais me donner de » plus douce fête ! «

Le 18, S. A. R. est partie de Caen à sept heures du matin, pour aller à Rouen. Elle a reçu, au moment de son départ, des honneurs semblables à ceux qui lui avoient été rendus à son arrivée. Aux témoignages de respect et d'attachement qu'une foule empressée lui exprimoit à l'envi, se mêloient les regrets de la voir s'éloigner.

S. A. R. en approchant de Lisieux, a trouvé deux colonels en vedette, et plus loin M. le général comte de Bordesoult, à la tête de plusieurs généraux et de tout son état-major, qui lui a présenté la cavalerie du premier corps d'armée. S. A. R. est montée à cheval avec tous les gentilshommes de sa suite, et s'est mise à la tête de ces braves guerriers, qu'elle aime tant à voir, à honorer, et qu'elle regarde comme le rempart inexpugnable de la couronne et l'honneur de la nation.

S. A. R. arriva à midi à Lisieux. Elle fut reçue à l'entrée de la ville, et haranguée par M. le Sous-Préfet, M. le Maire, MM. les Présidents des tribunaux civil et de commerce à la tête de leurs corps, et accompagnés du Conseil municipal.

S. A. R. étoit à cheval, escortée par la Garde d'honneur, et accompagnée d'Etats-majors, composés de généraux, de colonels de cuirassiers, dragons et hussards, et des troupes qui étoient allées au-devant du Prince, et que S. A. R. avoit passées en revue.

Le Prince a été accueilli avec les témoignages de la plus vive alégresse. Il a traversé la ville au pas, au bruit du canon, au son des cloches, escorté par la garde urbaine et la gendarmerie, précédées de la musique. Les acclamations étoient générales, et par-tout éclatoient les cris répétés de *vive le Roi! vive les Bourbons! vive Monseigneur le duc de Berry!* Les rues avoient été ornées de toiles; presqu'à chaque habitation flottoit un drapeau blanc orné de fleurs de lys.

S. A. R. est descendue à l'hôtel de M. de Friardel, où elle a daigné accepter à déjeûner.

M. le Sous-Préfet, M. le Maire, Madame de Friardel et plusieurs dames de la ville ont eu l'honneur d'être admis à la table du Prince; chacun a reçu de S. A. R. l'accueil le plus gracieux et les témoignages les plus flatteurs de sa bonté.

S. A. R. est remontée en voiture à trois heures, suivie d'une foule immense de citoyens, et précédée des gardes d'honneur, qui l'ont accompagnée jusqu'aux confins du département.

A l'entrée du département de l'Eure, S. A. R. a trouvé M. le Comte de Miramon, Préfet de ce département, qui a eu l'honneur de lui présenter ses hommages et les témoignages de l'alégresse qu'inspiroit à ses administrés le bonheur de contempler l'auguste neveu de leur Roi. Les cris de *vive le Roi! vive le Duc de Berry!* ont été mille fois répétés par les habitants des châteaux et des villages voisins, accourus au-devant de S. A. R. Elle a daigné descendre de voiture, et témoigner la satisfaction qu'elle éprouvoit en rentrant dans sa patrie, aux acclamations des français. Elle a fait à M. le Préfet plusieurs questions relatives à la situation de son département, et est remontée en voiture, en disant ces paroles touchantes, qui resteront gravées dans le cœur de toutes les personnes qui entouroient S. A. R. : *Plus de guerre, M. le préfet, plus de conscription; encore quelques jours, et vos fonctions vont cesser d'être pénibles; votre zele n'aura plus d'autre but désormais que d'aider votre Roi à faire le bonheur de son peuple.*

S. A. R. a été reçue aux limites du département de la Seine-inférieure par M. le comte de Girardin, Préfet; M. le baron de Stabenrath, général commandant le département, et M. de Gasville, Sous-Préfet de l'arrondissement.

Elle a trouvé dans l'endroit où elle a été complimentée par ces MM. une garde royale, qui a sollicité et obtenu l'honneur de faire le service auprès de sa personne.

Cette garde étoit composée de l'élite de la jeunesse de la province, montée sur les plus beaux chevaux de la Normandie; elle portoit un uniforme très-simple, mais qui produisoit en troupe un excellent effet. Tous ces jeunes gens étoient vêtus d'un frac bleu, avec une écharpe blanche et un panache de la même couleur.

Ce corps remarquable par sa tenue, son zele et son amour pour l'auguste famille des Bourbons, étoit commandé par MM. de Slade, François Odoard, et Edouard Quesnel.

Quoiqu'il fut fort tard, la grande route étoit couverte de nombreuses populations, accourues des communes voisines, pour jouir du bonheur de se trouver sur le passage d'un Prince dont l'arrivée est le garant d'une paix prochaine, et l'annonce de la cessation de tous les maux qui pesent depuis tant d'années sur la France et sur l'Europe entiere.

Tous les villages étoient éclairés; des feux de joie étoient allumés sur les places publiques; les gardes nationales étoient sous les armes. Aux cris de l'alégresse dont l'air retentissoit, s'unissoit le bruit des cloches et les sons de musiques militaires, qui faisoient entendre des airs chéris, dont les refrains étoient répétés par tous les auditeurs.

C'est au milieu de ces témoignages de l'alégresse universelle que S. A. R. est arrivée à l'entrée de la ville de Rouen, où elle a reçu tous les honneurs dus à l'auguste rang qu'elle occupe dans l'Etat.

Elle a été complimentée à l'extrémité de l'avenue de Caen, par M. le baron Lézurier-de-la-Martel, maire de la ville, et MM. ses adjoints.

Une foule immense entouroit la voiture, et a demandé à dételer les chevaux pour conduire elle-même le Prince : S. A R. a daigné se montrer sensible à ces témoignages d'amour, et a fait donner l'ordre aux postillons d'aller au pas.

S. A. R. a traversé pour se rendre à la préfecture, la rue de Saint-Sever, le pont de bateaux, les quais, le boulevard Cauchoise, la rue de Crosne et la rue de Fontenelle.

L'illumination avoit été générale et spontanée : celle des cazernes Saint-Sever a été remarquée par sa régularité et le bel effet qu'elle produisoit en se reflètant dans les eaux de la Seine. Une foule de devises ingénieuses, de drapeaux blancs ornés de fleurs de lys, de transparents, décoroient les portes et les fenêtres des habitations. Une immense population encombroit les avenues, les rues et les places publiques; les fêtes les plus brillantes n'avoient jamais réuni un aussi grand concours de spectateurs, et c'est positivement ce concours qui faisoit tous les frais et tous les charmes de celle-ci.

S. A. R. est descendue à onze heures à l'hôtel de la Préfecture; les jardins, les cours et les bâtiments en étoient illuminés : le drapeau blanc flottoit sur la porte d'entrée.

Au pied de l'escalier, Mad. la comtesse de Girardin, S. Exc. Mgr. le maréchal Jourdan, le Préfet, le général de Stabenrath, le Sous-Préfet, le Maire et plusieurs autres fonctionnaires civils et militaires reçurent S. A. R. qui leur fit un accueil plein de bonté, et eurent l'honneur de l'accompagner jusque dans ses appartements.

M. le général Lorencez, M. le comte de la Feronays, premier gentilhomme, et M. le comte de Nantouillet, premier écuyer, sont venus dans la voiture de S. A. R.

MM. les comtes de Mesnars et de Clermont-Lodève, ses gentilshommes d'honneur, l'ont précédé de quelques instants.

Immédiatement après son arrivée, le Prince se mit à table avec les personnes de sa suite, et MM. le général Lorencez et le chevalier de Brûlard.

Il permit à M. le Préfet d'assister à son souper, pendant lequel il lui demanda divers renseignements.

La foule n'a cessé d'entourer la Préfecture pendant une partie de la nuit dans l'espérance d'appercevoir S. A. R., et l'a salué pendant plusieurs heures des cris de *vive Louis XVIII! vive le Duc de Berry! vivent les Bourbons!*

Le mardi 20, S. A. R. se rendit à la Cathédrale; elle étoit dans une calèche découverte. Elle fit placer à côté d'elle S. Exc. Mgr. le maréchal Jourdan, et sur le devant, M. le comte de Girardin, et M. le comte de Nantouillet son premier écuyer.

La garde nationale et les troupes de ligne bordoient la haie.

Un détachement de la garde royale précédoit la voiture.

L'enthousiasme qui s'étoit manifesté lorsque S. A. R. traversa la place du marché, se perpétua jusqu'à la Cathédrale. Elle a été reçue à la porte d'entrée de cette église avec tous les honneurs qui lui sont dus, et conduite sous le dais jusque dans le chœur.

Son Eminence le Cardinal Archevêque de Rouen a entonné le *Te Deum*, qui a été suivi du *Domine salvum fac Regem*. Pendant toute la cérémonie, la plus vive émotion s'est manifestée sur la figure du Prince. La Cathédrale étoit remplie d'une foule immense empressée de prendre part à cet acte religieux, et que la sainteté du lieu pouvoit à peine empêcher de faire éclater les transports de sa joie.

Au retour du *Te Deum*, S. A. R.

a reçu les Autorités constituées et les personnes qui avoient sollicité l'honneur de lui être présentées. Tous les chefs des corps et des administrations ont complimenté le Prince, qui leur a répondu avec infiniment de grâce et de bonté, et a adressé à chacun d'eux des mots flatteurs sur la maniere distinguée dont ils remplissoient leurs fonctions.

L'audience a été souvent interterrompue par les cris de *vive Louis XVIII! vivent les Bourbons! vive le Duc de Berry!*

S. A. R. a daigné permettre que les éleves du lycée de Rouen lui fussent présentés par M. le recteur de l'académie et M. le proviseur de cet établissement, et a écouté avec bienveillance le compliment suivant qui lui a été adressé par M. Ernest de Girardin, l'un des éleves, au nom de tous :

> Jusqu'ici c'étoit par l'histoire
> Et par les longs regrets de nos tristes parents
> Que nous avions connu les nobles sentiments
> De ce sang généreux qui fit long-temps la gloire
> Et les délices des français ;
> Mais l'alégresse générale
> Que fait naitre par-tout votre Altesse royale,
> Cet air de bonté, ces grands traits
> Où l'on voit retracés les profonds caracteres,
> Les plus rares vertus de vos augustes peres,
> Nous font enfin apprécier le deuil
> Où votre longue absence
> A trop long-temps plongé la France,
> Nous sentons qu'un français peut avoir de l'orgueil ;
> Nous sentons le bonheur de notre destinée ,
> Puisque l'enfance est réservée,
> A voir par vos heureux travaux
> Et briser tous nos fers et guérir tous nos maux.

> Honneur, fidélité, constance
> A l'illustre sang des BOURBONS!
> Par vous, Prince, nous le jurons ;
> Et c'est jurer par la vaillance.

Le Prince s'est informé, avec beaucoup de détail, du régime intérieur du lycée, et a témoigné sa satisfaction de la bonne direction des études et des soins de tout genre donnés à la jeunesse dans cette utile institution.

A une heure, S. A. R. est montée à cheval ; elle étoit accompagnée de ses Gentilshommes et des Etats-Majors de la quinzieme division et du sixieme corps d'armée ; elle se rendit à la tête de ce brillant et nombreux cortége sur le boulevard de Crosne, où toutes les troupes qu'elle devoit passer en revue étoient rangées en bataille. Elle adressa des paroles obligeantes et flatteuses aux chefs des différents corps, et parut profondément émue en contemplant les débris de tant de braves armées, et la quantité d'honorables blessures dont étoient couverts presque tous les militaires qui s'offroient à ses regards.

Toutes les troupes eurent l'honneur de défiler devant S. A. R., et toutes fixerent son attention.

Ce spectacle véritablement imposant avoit attiré un concours immense de spectateurs, et les mêmes acclamations qui avoient précédé le Duc de Berry, continuerent à se faire entendre pendant toute la durée de la revue.

A deux heures, le Prince monta en calèche pour aller visiter des manufactures dans la belle et riche vallée de Déville. MM. de la Feronays, de Nantouillet, et M. le Préfet étoient dans sa voiture. MM. de la Garde royale l'escortoient, et M. de Slade, leur commandant, a toujours été à côté de la portiere. La superbe route du Havre étoit couverte de personnes empressées de se trouver sur le passage de S. A. R. Toutes saluerent le Prince et furent saluées par lui.

La belle manufacture de M. Pinel fut la premiere que S. A. R. visitât. Elle fut frappée de la beauté de ce vaste établissement, dont les ateliers peuvent contenir près de huit cents ouvriers, mais qui est presque désert depuis quelques mois. M. Pinel fit remarquer à S. A. R. que le travail ne pourroit être rendu aux ouvriers qui languissent dans la misere, et qu'on ne pourroit voir l'industrie reprendre de l'activité, qu'autant que des lois protectrices la prendroient sous leur protection spéciale, et empêcheroient les productions étrangeres d'obtenir trop d'avantage sur les produits de nos fabriques.

Le Prince parut sentir la justesse de ces observations, et promit qu'elles seroient prises en grande considération au moment où l'on s'occuperoit de la rédaction d'un traité de commerce.

En sortant de chez M. Pinel, S. A. R. passa dans la manufacture de M. Lefrançois, dont les murs sont mitoyens : elle y vit fabriquer la soude artificielle et d'autres produits chymiques, à l'usage des blanchisseries Bertholiennes. M. Lefrançois fit remarquer au Prince toute l'importance du genre d'industrie pratiqué dans cet établissement, qui tend à procurer au commerce une quantité de soude indigène suffisante pour ses besoins.

La belle teinturerie en rouge des Indes de M. Desmarest, à Bapeaume, fixa ensuite l'attention de S. A. R. : elle en a parcouru les ateliers avec un intérêt très-marqué.

S. A. R. fit donner aux ouvriers des manufactures qu'elle a visitées des preuves de sa libéralité.

S. A. R. s'est mise à table à six heures, et a daigné y admettre les principaux fonctionnaires civils et militaires, et Madame la comtesse de Girardin et Madame la marquise de Nagu.

En sortant de diner, le Prince est entré dans la grande galerie de l'hôtel de la préfecture ; il y a trouvé toutes les dames qui avoient sollicité l'honneur de lui être présentées. Il fut aimable et galant pour chacune de ces dames, qui furent touchées et attendries des attentions dont elles furent l'objet.

A neuf heures S. A. R. s'est rendue au spectacle avec S. Exc. le maréchal Jourdan et M. le préfet. Il leur fit l'honneur de les faire placer dans sa loge.

La salle étoit magnifiquement éclairée, et des dames élégamment parées, presque toutes vêtues en blanc et coëffées avec des lys, occupoient toutes les loges dont elles étoient le plus bel ornement.

A l'entrée de S. A. R. dans la salle, à sa sortie et pendant tout le cours de la représentation, l'enthousiasme et l'alégresse excitées par sa présence, se sont manifestés par les plus vives acclamations.

On a représenté *les Deux Jaloux* et *la Partie de chasse de Henri IV*. Des couplets analogues à la circonstance, et pleins d'à-propos et de talent, ont été chantés dans les deux pieces et redemandés avec transport par les spectateurs : ils sont imprimés ci-après.

Pendant toute la journée, un peuple immense s'étoit porté devant le jardin de la Préfecture, et exprimoit, par les cris les plus bruyants, le désir de pouvoir contempler le digne descendant du bon Henri. Le Prince a bien voulu se rendre plusieurs fois à ce désir et a paru profondément ému des témoignages d'amour et de respect qu'il a reçu de cette population ivre de joie.

Dans la soirée, toute la ville a été illuminée de la maniere la plus brillante. Des drapeaux blancs, des transparents ingénieux présentoient de mille manieres diverses les couleurs et les armes de l'auguste maison de Bourbon, et des devises analogues exprimoient, d'une maniere souvent très-heureuse, les sentiments dont tous les cœurs étoient animés.

S. A. R. est partie de Rouen à minuit, avec M. le général Lorencez, MM. de la Feronays et de Nantouillet.

Au moment où S. A. R. alloit monter en voiture, M. le Préfet lui a demandé si elle avoit été satisfaite de l'accueil qu'elle avoit reçu ici. Elle lui a répondu : » Je ne pour- » rois vous l'exprimer, mais bien » vous le témoigner; » et en achevant ces paroles, elle pressa M. le Préfet dans ses bras, et lui dit ensuite : » Comte de Girardin, ni ma » famille ni moi, n'oublierons ja- » mais la conduite que vous avez te- » nue dernierement. »

S. A. R. s'est rendue à Paris par la route de Pontoise, et a fait son entrée dans la Capitale le 21. Un détachement de gardes à cheval s'étoit porté au-devant du Prince jusqu'au-delà de Saint-Denis. La route étoit couverte des habitants de de Saint-Denis et de la campagne, et d'un grand nombre d'habitants de Paris : à l'approche de S. A. R., l'air a retenti d'acclamations.

M. le prince de Neufchâtel a eu l'honneur de porter la parole à S. A. R. au nom de tous les maréchaux de France, dans les termes suivants :

» Monseigneur,

» Les Maréchaux de France et tous les Généraux qui se trouvent à Paris éprouvent un grand bonheur à féliciter V. A. R. et à la voir rentrer dans la capitale de ses ancêtres. C'est au nom de toute l'armée que je viens exprimer à V. A. R. les sentiments d'amour, de dévouement et de fidélité qui l'animent pour le Roi et son auguste Famille. *Vive le Roi! vivent les Bourbons!* »

Tous les maréchaux, les officiers-généraux présents et les personnes de la suite du Prince, les nombreux spectateurs qui les environnoient, ont répété cette exclamation avec le plus vif enthousiasme.

S. A. R. a répondu dans les termes les plus affectueux et les plus honorables pour l'armée française.

Le Prince est entré à midi et demi dans Paris par la barrière de Clichy, ayant le Prince de Neufchâtel à sa droite, et à sa gauche le maréchal Moncey.

Les autres maréchaux de France présents à Paris, un nombre considérable de généraux et officiers supérieurs, les gentilshommes de S. A. R. et un corps nombreux de garde nationale formoient son cortége.

Le Corps municipal de Paris attendoit S. A. R. à la barrière. M. le Préfet de la Seine lui a adressé le discours suivant :

» Monseigneur,

» Que d'alégresse V. A. R. vient ajouter aux transports des habitants de la ville de Paris! Le bonheur de la capitale ne sera complet que lorsqu'elle verra dans son sein réunis autour de son Roi, tous les nobles rejettons de cette Famille auguste, qui, dès le premier âge de cette ville célebre, associa ses destinées à son existence, mit sa gloire dans sa splendeur, et sa jouissance dans la félicité de ses habitants. »

» Par-tout la présence de V. A. R. appelle l'amour des peuples; le bruit de vos vertus, l'expression de ces sentiments et de cette bonté touchante, noble héritage des Bourbons, vous ont devancé : la France voit en vous l'une de ses plus hautes et plus cheres espérances! »

» Entrez dans ces murs qui furent le berceau de tant de bons Rois et de grands Princes issus d'un même sang. La pompe de cette cérémonie ne répond pas à notre empressement, mais le cœur des Français fera tous les frais de cette fête touchante. V. A. R. le reconnoîtra dans leur élan unanime, et sa satisfaction s'accroîtra en embrassant un pere dont les paroles et les actions font déjà les délices des Français et l'espoir de leur avenir. »

S. A. R. a accueilli ce discours avec bonté, et a répondu en ces termes :

» MESSIEURS,

» Mon cœur est trop ému dans ce moment pour pouvoir vous exprimer tous les sentiments qui m'agitent en me voyant au milieu des Français et de cette bonne ville de Paris. Entouré de la gloire de la France, nous venons y apporter le bonheur ; ce sera notre occupation constante jusqu'à notre dernier soupir : nos cœurs n'ont jamais cessé d'être Français, et sont pleins de ces sentiments généreux qui font le caractere distinctif de notre brave et loyale nation. *Vivent les Français !* »

L'enthousiasme le plus vif s'est manifesté dans tous les quartiers de la capitale que S. A. R. a traversés. Lorsqu'elle a passé devant l'Eglise de Saint-Roch, M. le Curé de cette paroisse est venu lui offrir l'encens et l'eau bénite, et le Clergé a entonné le *Te Deum*. MONSIEUR attendoit le Prince son fils au château des Tuileries, et l'a tendrement serré dans ses bras, au moment où il descendoit de cheval. Cette scene touchante a fait une vive sensation sur tous les spectateurs. MONSIEUR paroissoit associer les Français à la joie qu'il éprouvoit. Les deux Princes sont montés dans les appartements au milieu des cris de *vive le Roi! vivent Monsieur et M*g*r*. *le Duc de Berry!*

NOTES.

Ire. PARTIE. *Discours adressés à Son Altesse Royale.*

1°. *Discours adressés à Son Altesse Royale pendant son séjour dans le département du Calvados.*

Discours adressé à S. A. R. par M. le Président du Collége électoral du département du Calvados.

» MONSEIGNEUR,

» Un voile funebre étoit tendu sur la France; la race de nos Rois, proscrite et fugitive, étoit réduite à chercher sur des terres étrangeres un asyle et des espérances.

» Si nous osons, Monseigneur, retracer à V. A. R. ces souvenirs, que l'ame paternelle du Roi, celle des Princes et votre générosité se sont empressés d'effacer, c'est que vous daignez arrêter un moment votre pensée sur les peines et les dangers de tout genre que vos fideles serviteurs ont éprouvé pendant ce jour de deuil et de calamité.

» Tout est changé, Monseigneur : la main de Dieu a fait une justice dont nos cœurs sont pénétrés, mais dont il ne nous est pas donné d'expliquer la cause premiere, puisqu'elle vient de sa toute-puissance.

» Prince aussi grand que généreux, daignez recevoir avec bonté l'hommage respectueux du Collége électoral du Calvados ; daignez être aussi, près de S. M. Louis XVIII, l'interprete de nos sentimens ; donnez à ce Monarque chéri la plus ferme assurance que la conservation de la dynastie a été, est et sera toujours le vœu de notre département.

» Un empêchement né de l'étendue des distances, n'a pas permis à tous les Membres du Collége de se réunir en ce jour, mais nous garantissons la foi des fideles Normands qui le composent. «

Caen, 17 Avril 1814.

Discours adressé à S. A. R. par M. le premier Président de la Cour d'appel de Caen.

» MONSEIGNEUR,

» La Cour d'appel s'empresse de venir offrir à V. A. R. le tribut de son hommage, de son respect et de son dévouement, et vous témoigner la part qu'elle prend à l'alégresse générale que cause ici la présence de V. A. R.

» Elle vient en même-temps réitérer devant vous l'adhésion qu'elle a donnée aux grandes mesures qui rappellent sur le trône l'illustre et ancienne maison de Bourbon.

» Tout nous promet que cette époque

sera en même-temps celle du retour de la paix et du bonheur public. «

S. A. R. a répondu à peu près en ces termes :

» Je suis sensible aux sentiments que la Cour d'appel vient d'exprimer ; j'espere qu'elle continuera à servir avec le zèle et la fidélité qu'elle a montrés. Le Roi ne songe plus qu'au bonheur du peuple : il est possible que vous le voyez bientôt au milieu de vous ; vous serez en état d'en juger vous-mêmes. Ses sentiments sont partagés par tous les Princes de sa maison. «

Discours adressé à S. A. R. par M. le Préfet du Calvados, en la recevant sur les confins du département.

» MONSEIGNEUR,

» En saluant V. A. R. dès les premiers pas qu'elle imprime sur la terre française, nous nous livrons à la vive émotion que nous cause sa présence ; au bonheur de voir la guerre s'éteindre sans que ces belles contrées en aient éprouvé le fléau ; à la reconnoissance la plus sentie envers le grand Prince qui a voulu venir lui-même nous annoncer que nos maux étoient finis.

» Venez, digne fils de Henri IV, venez parmi les enfants de Guillaume vous livrer aux premieres et si douces impulsions du Ciel de la Patrie : ce sol est français ; l'air qui nous environne est français ; tous les cœurs qui volent au-devant de vous, Monseigneur, ces guerriers, ces magistrats, ces vieillards, ces femmes, ces enfants, tout ce peuple, tout ce que vous voyez, tout ce qui vous presse est français. *Vive France ! vive Bourbon ! vive le Roi !*

» Nous retournons dans le sein d'un pere, conduits par notre frere aîné. Quand il le faudra nous revolerons aux combats, à la gloire dont les chemins nous sont si connus, guidés par son panache blanc et sa royale épée.

» Mais dans ces jours d'alégresse et de réconciliation avec le monde entier et avec nous-même, ne parlons que de la paix, repos des braves et premier bienfait des Bourbons. «

VIVE LE ROI !

Discours adressé à S. A. R. par M. le Maire de la ville de Caen.

» MONSEIGNEUR,

» Le corps municipal de la ville de Caen se félicite de pouvoir exprimer à V. A. R. ses sentiments d'amour et de respect.

» Comment ne seroient-ils pas inaltérables, mon Prince, lorsque votre auguste Famille n'est rendue aux vœux des français que pour effacer de longs malheurs, que pour faire succéder à des jours de guerres et de désastre des jours de paix et de prospérité à des jours de vengeance et de proscription, l'oubli des haines et le pardon du passé ?

» Quand le petit fils de Saint-Louis et de Henri IV, embrassant tous les intérêts de ses enfants, s'occupera sans relâche des moyens de rendre la nation heureuse, en donnant de l'énergie aux institutions religieuses, en régénérant le mode d'éducation puplique, et le mettant à portée de toutes les classes de la société, en accordant au commerce l'indépendance dont il a besoin, en ramenant enfin la bonne-foi dans toutes les transactions, par l'exemple même de celle qui présida aux traits et aux moindres actes du Gouvernement.

» Quand en retour de tant de bienfaits les peuples sentiront de plus en plus le besoin d'aimer leur souverain, de lui rester fideles jusqu'au dernier soupir, combien ne sera-t-il pas doux dans cette heureuse rivalité du monarque, qui veut tout pour la prospérité du peuple, et du peuple qui veut s'épuiser en reconnoissance et en amour pour son monarque, d'avoir, près du trône, dans le sang même du Souverain, un appui!

» Vous serez le nôtre, Monseigneur, vous direz à S. M. que son fidele peuple de la ville de Caen, brûlant d'amour pour lui et pour son auguste Famille, lui sera fidele à la vie et à la mort. «

VIVE LE ROI!

Signé LENTAIGNE de LOGIVIÉRE.

2°. *Discours adressés à Son Altesse Royale, à l'audience qu'elle a accordée, le 19 Avril 1814, aux Autorités du département de la Seine-Inférieure.*

Discours adressé à S. A. R. par M. le premier Président de la Cour d'appel de Rouen.

» MONSEIGNEUR,

» Votre arrivée dans la capitale de l'antique Neustrie comble les vœux des habitants de cette grande et importante cité.

» La Cour d'appel de Rouen partage l'alégresse publique ; elle vient offrir à V. A. R. l'hommage des sentiments d'affection, de dévouement et de respect dont elle est pénétrée pour l'auguste famille des Bourbons.

» Aussi-tôt que les circonstances le lui ont permis, elle s'est empressée de manifester le vœu unanime de voir LOUIS-STANISLAS-XAVIER monter sur le trône de ses ancêtres.

» Son avénement à la couronne rend à la magistrature française la plus précieuse de ses prérogatives, l'indépendance....

» Elle ne doit connoître d'autre régulateur que la loi.

» En prêtant au Roi des français le serment de fidélité, elle donne à S. M. un gage assuré que la justice sera rendue en son nom et selon ses désirs avec la plus grande exactitude et l'impartialité la plus scrupuleuse.

» Les vertus, qui sont l'appanage de votre illustre dynastie, Monseigneur, et surtout cette bonté, cette affabilité qui caractérisent V. A. R., lui gagnent tous les cœurs ; elles nous donnent l'espoir que vous daignerez être auprès de S. M. l'interprete des sentiments d'amour, de reconnoissance et de respect de sa Cour d'appel ; lui reporter le désir qu'elle ose concevoir d'offrir ses hommages à son Roi ; de voir Louis XVIII témoin de la vive et tendre émotion qu'inspire à un peuple aimant et sensible la présence de son légitime souverain ; d'admirer enfin dans sa personne le digne héritier des vertus de Louis XII et d'Henri IV. «

S. A. R. a daigné répondre qu'elle étoit sensible aux expressions des sentiments des habitants de Rouen ; qu'elle appréciait ceux des magistrats ; que l'ordre judiciaire devoit être indépendant pour remplir le but de la loi, le bonheur des peuples ; que S. A. R. espéroit que bientôt la Cour d'appel pourroit être à portée d'offrir ses hommages à S. M.

Discours adressé à S. A. R., par M. le comte de Girardin, *Préfet du département de la Seine-Inférieure.*

» MONSEIGNEUR ,

» La divine Providence a permis à la France, après avoir essayé de tous les gouvernements, de se reposer enfin dans le sein de la monarchie. Ses malheurs ont commencé à l'époque où son Roi légitime a été abandonné par elle ; elle le rappelle, et ses malheurs vont finir ; elle se jette dans ses bras, comme l'enfant prodigue dans ceux de son pere, et prouve par ce retour à ses anciens maîtres que les liens qui l'unissoient à eux n'ont jamais été entierement rompus. Ils se sont effectivement conservés dans toutes les parties de ce beau royaume, et plus fortement encore dans les cœurs des braves et fideles Normands que par-tout ailleurs. V. A. R. a pu en acquérir la preuve depuis le moment fortuné où elle a touché le sol français : sa présence en Normandie y excite l'enthousiasme et y réalise les espérances dont elle est le gage.

» Nous pouvons, Monseigneur, vous dire avec vérité que l'aurore du bonheur a lui pour nous le jour même où le dénouement d'une nouvelle période de l'histoire romaine a laissé à l'histoire de France la possibilité de recommencer. «

S. A. R. a répondu : » Je suis touché des sentiments que vous m'exprimez. Ce que vous m'avez dit de l'enthousiasme qu'excite en Normandie le retour du Roi est d'autant plus vrai que, depuis que je suis entré dans cette province, j'en ai acquis les preuves les plus multipliées ; aussi ne manquerai-je pas de porter à la connoissance de S. M. les témoignages de respect et d'attachement qui lui ont été donnés dans cette circonstance par les braves et bons Normands.

Discours adressé à S. A. R. par M. Héron-d'Agirône, *secrétaire du conseil-général du département.*

» MONSEIGNEUR ,

» Les membres du Conseil-général de département sont tous français ; ils n'ont jamais cessé de l'être. C'est assez vous peindre les sentiments que leur inspire l'auguste présence de V. A. R.

» Un descendant du bon Henri, un Bourbon au milieu de nous ! c'est l'arc de Dieu, garant du calme après la tempête ; c'est un ange de paix descendu sur la terre pour la consoler de ses trop longues souffrances.

» Aussi, Monseigneur, c'est dans l'effusion de la joie la plus pure que nous venons réitérer publiquement dans vos mains le serment que déjà et depuis long-temps nos cœurs avoient intérieurement prononcé : celui d'amour, de respect, de fidélité et d'obéissance à l'héritier légitime du trône, à notre Roi Louis XVIII. «

Discours adressé à S. A. R. par M. Boullanger, *Président du Tribunal de premiere instance.*

» MONSEIGNEUR ,

» Les Membres du Tribunal de premiere instance de l'arrondissement communal de Rouen éprouvent la plus vive satisfaction d'être admis à présenter à V. A. R. l'hommage de leur respectueux dévouement.

» V. A. R. va enfin reprendre dans ce royaume, auprès de ses augustes parents, le rang que lui assigne sa naissance.

» Puisse-t-elle se rappeller de la ville de Rouen, comme d'une des cités de ce royaume dont les habitants sont le plus attachés à leurs devoirs, le plus respectueusement soumis à l'autorité de leurs Princes, et être persuadée que ses magistrats n'oublieront jamais l'honneur qu'ils reçoivent aujourd'hui d'être admis à vous présenter leur respect ! «

S. A. R. a répondu : » Qu'elle recevoit avec plaisir les marques de dévouement du Tribunal, et qu'elle se rappelleroit toujours avec plaisir la ville où elle les avoit reçues. «

Discours adressé à S. A. R., par M. Dupont, président du tribunal de commerce.

» MONSEIGNEUR,

» Le tribunal de commerce ose présenter à V. A. R. l'hommage de son respect, et faire éclater tous les sentiments dont il est pénétré en voyant ses vœux comblés par le retour d'une dynastie que les cœurs vraiment français n'ont cessé de rappeler.

» La chambre de commerce, dont j'ai également l'honneur d'être l'organe, animée des mêmes sentiments de respect et d'attachement pour l'illustre famille des Bourbons, admire la Providence qui rend le bonheur à la France en la rétablissant sur un trône qui n'a pas cessé de lui appartenir.

» Cet heureux événement, qui rend la paix au monde et assure le repos des peuples, ramenera la sécurité et l'aisance en faisant refleurir les colonies, le commerce et la navigation; l'industrie, délivrée sous un gouvernement juste et protecteur de toutes les chances imprévues qui gênent ou arrêtent son essor, reprendra son activité: en attendant, les fileurs et les fabricants, dont la situation actuelle est digne de l'intérêt de V. A. R., ont besoin d'être rassurés par des mesures provisoires et conservatrices : nous la supplions de prendre en considération et d'honorer de son appui les observations que nous prenons la liberté de lui soumettre. »

S. A. R. a répondu : » Qu'au moyen d'une bonne constitution, les français ne feroient qu'un faisceau autour du trône, d'où résulteroit le bonheur général ; et que sous un roi juste et bon les arts et le commerce seroient florissants et trouveroient la liberté nécessaire à la prospérité publique. »

Discours adressé à S. A. R. par M. Delamarre, président du tribunal des douanes.

» MONSEIGNEUR,

» Le tribunal ordinaire des douanes a l'honneur de présenter à V. A. R. l'hommage de son profond respect.

» La France est enfin parvenue à l'époque la plus heureuse qui va fixer ses destinées sous le regne de son légitime Souverain, et le bonheur et la gloire de la nation reposer sur des bases immuables. Une charte constitutionnelle désormais inviolable, un Roi sage et vertueux, vont assurer notre régénération politique.

» Prince chéri ! descendant de S.-Louis et de Henri IV, daignez agréer l'expression de notre reconnoissance, de notre amour et de notre dévouement pour la personne sacrée de notre auguste Souverain, et pour V. A. R., l'espoir et l'amour des français. »

S. A. R. a répondu : » Qu'après vingt-cinq ans de malheurs, les français alloient enfin retrouver le bonheur sous le gouvernement paternel de ses rois légitimes; qu'elle étoit satisfaite des sentiments qui lui étoient exprimés par le tribunal des douanes, et qu'elle félicitoit tous les membres de l'ordre judiciaire de l'indépendance qui alloit leur être garantie dans l'exercice de leurs respectables fonctions.

Discours adressé à S. A. R., par M. le baron de la Martel, Maire de Rouen.

» Monseigneur,

» La ville de Rouen, toujours calme dans les orages, toujours l'asile des familles persécutées, revoit avec délices, dans son sein, un Prince dont le nom est adoré en France.

» La maison loyale et généreuse des Bourbons remonte sur un trône que l'amour des peuples va rendre inébranlable. Avec elle va régner la paix.

» L'industrie et le travail vont rendre à une immense et fidèle population le bonheur et l'aisance dont elle sut si bien jouir; la magistrature paternelle dont je suis revêtu n'aura plus à porter au pied du trône que les accents de la reconnoissance et de l'amour.

» Tel est l'avenir qui s'ouvre devant nous, Monseigneur; je m'honore d'en être l'interprète; et mes travaux pour le bien de cette grande cité sont payés par l'hommage que j'ai l'honneur de vous rendre aujourd'hui en son nom. «

Le Prince a répondu: » Je connois le bon esprit qu'a témoigné dans tous les temps la ville de Rouen; je sais qu'elle a toujours été attachée à ses Princes légitimes et le refuge de toutes les personnes persécutées. Quant à vous-même, Monsieur, je sais ce que l'on doit à vos soins, avec quelle sagesse vous avez maintenu la tranquillité dans cette grande ville, et le Roi en sera instruit. La ville a fait une avance pour le paiement des troupes; c'est une fort bonne action. «

Discours prononcé par M. de Fourcroy, commissaire en chef de la marine au Havre, membre de la légion d'honneur.

» Monseigneur, mon Prince,

» Il n'est pas un point de la France qui ne désirât vivement le retour des Bourbons, la Famille de ses Rois légitimes.

» Les côtes de Normandie ambitionnoient l'honneur de les recevoir au débarquement. Le port militaire du Havre-de-Grace s'étoit flatté d'être le premier à jouir de la présence auguste de V. A. R.; il avoit usé pour cela de tous les moyens à sa disposition. Cherbourg a été plus heureux.

» La portion de la marine royale, dont j'ai le bonheur inappréciable d'être en ce moment l'interprète, renouvelle par mon organe, entre les mains de V. A. R., le serment de sa soumission absolue, de son amour sans bornes et de sa fidélité inaltérable pour la personne de S. M. Louis XVIII.

» Sous l'autorité paternelle de ce monarque chéri, le commerce va reprendre vie; les sources de la félicité publique vont se rouvrir, et toutes les afflictions seront consolées.

» *Vive le Roi! vivent les Bourbons! vive Monseigneur le Duc de Berry!*

S. A. R. a répondu avec une grace et une bonté vraiment touchantes:

» Je reçois avec plaisir les expressions des sentiments de la marine pour son roi.

» J'aime les marins, et je regrette que mon retour n'ait pas eu lieu sous notre pavillon.

» Le Roi le désire pour lui-même, et j'espere que le vaisseau que j'ai fait partir de Cherbourg arrivera en Angleterre assez à temps pour y prendre S. M., et rapporter bientôt en France, dans la personne de

notre

notre Monarque, le gage de la paix, du bonheur et de la prospérité du royaume. «

S. A. R. s'est ensuite entretenue familièrement quelques minutes avec M. de Fourcroy, commissaire-chef maritime ; avec M. Cocherel, capitaine de frégate, chef militaire, qui avoit été expédié du Havre le 12 de ce mois à la rencontre de S. A. R., et qui avoit, ainsi que M. le sous-préfet de l'arrondissement du Havre, passé deux nuits à la mer dans la péniche parlementaire qu'il commandoit à cet effet, et avec M. Clémansin, sous-commissaire de marine, chargé de l'administration du quartier de Rouen.

Discours adressé à S. A. R. par M. Delaporte-Lalanne, Recteur de l'Académie de Rouen.

» MONSEIGNEUR,

» V. A. R. vient dans nos murs faire briller à nos yeux l'aurore d'un jour dont elle a voulu par avance nous faire goûter les prémices. Que d'actions de graces n'avons-nous pas à lui rendre ! Nos magistrats viennent de lui en offrir l'hommage au nom de leurs administrés. Permettez, Monseigneur, aux dépositaires de l'instruction publique de porter aux pieds de V. A. R. les vœux des élèves confiés à leurs soins. Tous les jours, témoins du feu qui les anime, nous sommes garants à V. A. R. qu'elle retrouveroit en eux cette noble ardeur, cet instinct de l'honneur, caractere distinctif de la nation, que ni la licence ni la servitude n'ont pu lui faire perdre, et à l'aide duquel, même dans ces temps déplorables, elle n'est pas restée sans gloire au milieu de l'Europe épouvantée de ses erreurs. A votre voix, Monseigneur, vous verriez les premiers rangs de cette jeunesse se rallier autour du panache d'Henri IV qui flotte sur la tête de V. A. R. Mais non, Monseigneur, ce n'est pas vers ce but que doit être désormais dirigé l'élan de leurs jeunes ames. V. A. R. se présente à nous comme une divinité tutélaire et bienfaisante; vous venez ici déposer la lance et le bouclier, et sous les traits d'un guerrier planter parmi nous l'olivier de la paix. Notre jeunesse ne sera plus moissonnée dans sa fleur, elle est rendue à toutes les affections douces, à tous les liens de famille, à toutes les professions libérales.

» Bonté divine ! Que de changements, que de prodiges opérés en un clin-d'œil par ta main puissante !

» Pardonnez, Monseigneur, à la vive émotion dont nous sommes saisis. Eh ! que pourrions-nous dire qui exprimât dignement les sentiments de respect, d'admiration et d'amour que nous inspire la présence de V. A. R. ! «

Le Prince a répondu :

» Je partage, Monsieur, votre émotion au sujet du bonheur que promet à la France le retour du Roi. J'espere que cette jeunesse dont vous prenez soin ne sera plus moissonnée dans sa fleur. La France n'aura plus de guerre, ou du moins, si elle est forcée d'en avoir encore, ce ne sera plus des guerres de destruction ni d'envahissement. Je vous engage à continuer d'élever cette jeunesse dans les bons principes que vous lui inspirez, et dont vous paroissez lui donner vous-même l'exemple. «

Discours adressé à S. A. R. par M. Lebrument, Président de la Commission administrative des Hospices de Rouen.

» MONSEIGNEUR,

» Daignez accueillir avec bonté le respectueux hommage du dévouement sans bornes des Administrateurs des Hospices.

» L'honneur qu'ils reçoivent aujourd'hui en se présentant devant un des Princes du sang royal qui va régner sur la France, est la récompense la plus flatteuse, pour eux, de leurs fonctions toujours pénibles, souvent dangereuses et jamais enviées.

» Leurs hospices, jadis l'asile de la pauvreté et de la vieillesse valétudinaire, se sont vus, par les malheurs des temps, transformés en hôpitaux militaires...... Mais n'attristons pas un aussi beau jour d'alégresse par le récit de nos malheurs.

» Le retour si désiré de l'auguste famille des Bourbons va nous rendre la paix et le bonheur, lorsque ressaisie des rênes du gouvernement elle aura pu rétablir l'ordre nécessaire dans les revenus de l'état; la piété, la bienfaisance sont des vertus innées dans les descendants de S. Louis, qui nous assurent leur protection pour des établissements qu'ils ont créés, et qui sont toujours restés fideles à leur institution. «

S. A. R., après s'être informée de l'état de la population de ces maisons, a répondu à MM. les administrateurs : « Qu'ils remplissoient des fonctions bien louables, qu'il connoissoit le cœur du Roi, et les assuroit de sa protection aussi-tôt qu'il pourroit répandre des bienfaits. «

Discours adressé à S. A. R. par M. Lamandé, ingénieur en chef du département.

» MONSEIGNEUR,

» Les ingénieurs du Roi, pour les ponts et chaussées du département de la Seine-Inférieure, viennent présenter à V. A. R. leurs respectueux hommages, et l'assurance de leur dévouement sans bornes au Roi Louis XVIII, notre légitime Souverain.

» Oui, Monseigneur, les élèves de Perronet (1) n'ont pas cessé un seul instant de porter les Bourbons dans leurs cœurs; et nous ne pouvons voir sans des transports de joie, d'enthousiasme, les dignes descendants de S.-Louis, de Henri IV, de Louis XIV et de notre bon Roi Louis XVI... Louis XVI! monarque vertueux que nous n'aurions pas eu à pleurer depuis vingt ans, s'il n'eût pas tant aimé son peuple.

» Le retour de son auguste famille seche nos larmes, console du passé, et fait renaître les français au bonheur. »

S. A. R. a répondu : « Vous venez d'exprimer les sentiments de tout bon français. »

Discours adressé à S. A. R. par M. Vitalis, secrétaire-perpétuel de l'Académie pour les sciences, au nom de l'Académie de Rouen.

» MONSEIGNEUR,

» C'est à l'un de vos illustres aïeux, c'est à Louis XV, ce monarque chéri, auquel la nation française a donné le doux nom de *Bien-Aimé*, que l'Académie des sciences, belles-lettres et arts de Rouen doit son existence et les bases fondamentales de sa constitution.

» Le souvenir de ce bienfait signalé ajoute encore, s'il est possible, à l'ardent amour que nous n'avons cessé de porter, dans tous les temps, à l'auguste famille des Bourbons, aux dignes héritiers de Saint-Louis et de Henri IV.

» L'étude la plus importante pour l'homme

(1) M. Perronet, premier ingénieur du Roi pour les ponts et chaussées, a reçu de LL. MM. Louis XV et Louis XVI de grandes marques d'estime et de bonté. Il étoit pénétré d'amour pour ses Rois, et inspiroit les mêmes sentiments à ses élèves.

civilisé est celle qui lui apprend à connoître ses devoirs et ses obligations envers son légitime Souverain ; aussi, Monseigneur, est-ce au sein des sociétés savantes que le chef du gouvernement peut être assuré de trouver les sujets les plus dévoués à sa personne.

» Monseigneur, l'Académie supplie V. A. R. de vouloir bien être, auprès du Roi Louis XVIII, l'interprete des sentiments de notre attachement sans bornes, de notre inviolable fidélité, et d'agréer le respectueux hommage qu'elle se félicite de pouvoir payer, dans cet heureux jour, aux éminentes qualités et aux vertus personnelles de V. A. R. »

Le Prince a répondu : » Les sciences, les lettres et les arts ne fleurissent qu'à l'ombre de la paix : je viens vous annoncer ce bienfait, qui mettra l'Académie de Rouen à portée de rendre de nouveaux services aux manufactures et au commerce. »

IIe. PARTIE. *Liste des Personnes qui ont eu l'honneur de dîner avec Son Altesse Royale, à Rouen, le 19 Avril 1814.*

1. S. Em. le Cardinal Cambacerès ;
2. S. Exc. le Maréchal Jourdan ;
3. Le Général Ledru ;
4. Le premier Président ;
5. Le Préfet ;
6. Le Général de Stabenrath, Commandant le département ;
7. M. de Gasville, Sous-Préfet de Rouen ;
8. M. le Baron Lézurier-de-la-Martel, Maire de Rouen ;
9. M. le Général Chabert ;
10. M. Dambrai ;
11. M. Dubourg, Secrétaire-Général ;
12. M. le Chevalier de Brûlard ;
13. M. le Général Lorencez ;
14. M. le Général Lemoine ;
15. M. de Slade, Commandant la garde à cheval ;
16. M. le Général Laroche.
17. M. de la Feronays,
18. M. de Nantouillet, } Gentilshommes
19. M. de Mesnars, } attachés
20. M. de Clermont, } au Prince.

M. Boullanger, Président du Conseil général, et M. Dupont, Président du Tribunal de commerce, avoient été aussi priés ; mais une erreur commise dans l'envoi des billets d'invitation a empêché qu'ils n'aient reçu à temps ceux qui leur étoient adressés.

IIIe. Partie. *Couplets composés à l'occasion du passage de Son Altesse Royale.*

1°. *Couplets chantés à Caen.*

Couplets chantés à la réunion qui a eu lieu chez M. le Préfet du département du Calvados, le 16 Avril 1814, et qui a été honorée de la présence de S. A. R.

Le bon Henri
Fut amant de la gloire,
Vous le savez, champs d'Arques et d'Ivry ;
Mais dédaignant l'éclat de la victoire,
C'est dans les cœurs qu'il grava sa mémoire,
Le bon Henri.

Du bon Henri
Fut sage l'espérance ;
L'airain durable et le marbre ont péri :
Mais nos enfants connoissent tous en France
Les traits chéris, la bonté, la vaillance
Du bon Henri.

Du bon Henri
Un Fils est sur la plage ;
Normands, courons ; oui, c'est lui, c'est Berry !
Prince adoré, reprends ton héritage,
Grave en nos cœurs une seconde image
Du bon Henri.

Vive le Roi !
Ce cri sauve la France,
Seche les pleurs et bannit tout effroi ;
Vive le Roi, doux cri de mon enfance,
Tout cede enfin à ta sainte éloquence,
Vive le Roi !

Couplets chantés le 17, au théâtre de Caen, pendant la représentation à laquelle S. A. R. a daigné assister.

LE CRI DES FRANÇAIS.

Enfin il tombe, en frémissant,
Le cruel tyran de la France.
Il tombe, et tout le monde est content :
C'est le jour de la délivrance.
Reparoissez, fils de Henri,
Après une si longue absence ;
Et que l'on répete ce cri :
Vive, vive le Roi de France !

Français, dans ces horribles temps,
On a vu nos bouches rebelles
Prostituer un noble encens
A des idoles criminelles.
Mais à Louis, fils de Henri,
Nos cœurs juroient amour, constance ;
Ils soupiroient toujours ce cri :
Vive, vive le Roi de France !

Salut, famille de nos Rois,
Auteurs de notre délivrance ;
Au trône vous doublez vos droits
Quand vous venez sauver la France.
Ah ! pour Louis, fils de Henri,
Se vengeant par la bienfaisance,
Qui ne rediroit point ce cri :
Vive, vive le Roi de France !

A Monseigneur le Duc de Berry.

Et vous, l'orgueil des vrais Français,
Chevalier sans peur et sans tache,
Aux champs d'honneur, du Béarnais
Vous nous montrerez le panache.
Oui, nous suivrons, fils de Henri,
Cet étendard de la vaillance,
En poussant avec vous ce cri :
Vive le Roi ! vive la France !

Urbain GUILBERT, Avocat.

Autres couplets chantés dans la même circonstance.

AIR : *Charmante Gabrielle.*

Aux rives de la France
Les Bourbons descendus,
Ramenent l'espérance
Dans nos cœurs abattus ;
Du lys, que la tempête
N'a pu flétrir,
Pour eux la noble tête
Va refleurir.

Assez long-temps l'orage
Nous battit de ses coups,
Le soleil sans nuage
Va se lever pour nous.
Un peuple qui t'adore,
Dans ton retour
Voit la riante aurore
De ce beau jour.

Redis à notre peré
De ses braves Normands
L'alégresse sincere
Et les transports touchants:
A sa voix la patrie,
Séchant ses pleurs,
En un instant oublie
Ses longs malheurs.

Par M. D. L. T.

2°. Couplets chantés à Rouen.

Couplets adressés à S. A. R. au théâtre de Rouen, dans la piece des deux Jaloux, par Madame Lanoue, artiste de ce théâtre, chargée du rôle de Fanchette, dans la représentation du 19 Avril, et qui les a chantés avec infiniment de grace et d'expression.

O vous ! d'une tige chérie
Auguste et noble rejetton,
Contemplez la foule attendrie,
Heureuse de voir un BOURBON.
Rouen, au nom de la province,
Fait entendre ce cri du cœur :
Vive LOUIS ! vive le Prince !....
Sauf vot' bon plaisir, Monseigneur.

Au Roi, que nos vœux appellerent,
Daignez peindre nos sentiments ;
Dites-lui comme le réverent
Ses bons, ses fideles Normands ;
Que pour lui notre amour extrême
Est aussi pur que son grand cœur ;
Que nous l'aimons... comme vous même...
Sauf vot' bon plaisir, Monseigneur.

Par M. G.....

Autres couplets chantés à la même représentation, à la suite de la Partie de chasse de Henri IV, par M. Fleuriet, *artiste de ce théâtre, chargé du rôle de Michaud, qu'il a joué avec une rondeur et une vérité parfaite.*

AIR ; *Vive Henri IV.*

Auguste race,
Noble sang de nos Rois,
Reprends la place
Que t'assignent tes droits,
Et que le Ciel fasse
Régner tes douces lois !

Bonheur suprême !
Nous reverrons Henri ;
Et déjà même
N'entends-je pas le cri
De *vive Angoulême !*
Vive, vive Berry !

Non, plus de guerre,
Les Bourbons l'ont promis.
Ah ! de la terre
Les maux sont donc finis !
Et l'Europe entière
N'est qu'un peuple d'amis.

* Que sur la France,
Heureuse désormais,
La Providence
Répande ses bienfaits,
Et que l'abondance
Renaisse avec la paix !

Vingt ans d'orage
Ont frappé ce pays ;
Malgré sa rage
Je vois fleurir les lys.
Le Ciel se dégage
A l'aspect de Louis.

---

* S. A. R. a fait redemander ce couplet, qu'elle a vivement applaudi.

Jurons ensemble
D'obéir à sa loi ;
Qui lui ressemble
Mérite notre foi ;
Crions tous ensemble :
Vive, vive le Roi ! Par M. L......

Autres couplets composés à l'occasion de l'arrivée de S. A. R.

Il est temps qu'un fer destructeur
Cesse d'ensanglanter la terre :
O Mars ! ô dieu de la fureur !
Ton regne est celui du malheur :
Il faut qu'à l'effroyable guerre
Succede un repos enchanteur.

O paix ! ô paix chérie ! ⎫
Ramene le bonheur   ⎬ *bis.*
Au sein de ma patrie. ⎭

Quoi ! ne désirions-nous pas tous
Epargner le sang de tant d'hommes ?
N'être plus rivaux ni jaloux ?
Pour finir un trop long courroux,
Aimons-nous tous tant que nous sommes,
C'est le sentiment le plus doux.

O paix ! etc.

Braves guerriers dont la valeur
Sera toujours chere à la France ;
Nobles enfants, fils de l'honneur,
Déposez pour notre bonheur
Les instruments de la vengeance ;
Avec nous chantez tous en chœur :

O paix ! etc.

Louis vers vous porte ses pas ;
Des Bourbons l'auguste couronne
S'embellira de ces soldats
Aguerris par tant de combats.
Vous serez l'appui de son trône,
Allons, volons tous dans ses bras.

Race, race chérie, ⎫
Ramene le bonheur ⎬ *bis.*
Au sein de ma patrie. ⎭

Sang des héros, fils de Henri,
Que ta présence nous est chere;
C'est aux champs d'Arques et d'Ivry
Que les Normands, brave Berry,
Ont appris, en fêtant ton pere,
A chanter ce refrain chéri :
　Race, race chérie, etc.

Couplets populaires composés pour la même circonstance.

Hommage des habitants du quartier Martainville à S. A. R. Mgr. le Duc de Berry.

AIR : *Eh! gai, gai, mon officier.*

Eh! gai, gai, d'un Princ'chéri
　L'arrivée
　Désirée,
De tous les cœurs fait v'nir ce cri :
　Vive l'Duc de Berry!

Quoiqu'on soit d'Martainville
On est tout d'même auteur;
Ça n'est pas difficile
Quand on chante du cœur :
Eh! gai, gai, etc.

D'un Roi cher à la France
Je désirons le r'tour;
Chargeons l'Duc à l'avance
D'li porter not'amour.
Eh! gai, gai, etc.

Je n'irons plus combattre,
Et je pourrons bientôt
Comme sous Henri IV
Mettre la poule au pot.
Eh! gai, gai, etc.

J'ons r'marqué la figure
De c'bon Duc de Berry,
C'est la vivant' peinture
De notre Grand-Henri.
Eh! gai, gai, etc.

Que dans tout' la Province,
Les Normands réjouis,
Chantent vive le Prince!
Les Bourbons et Louis !.
Eh! gai, gai, etc.

Imprimé par Autorisation de M. le Préfet du département de la Seine-Inférieure.

www.ingramcontent.com/pod-product-compliance
Lightning Source LLC
Chambersburg PA
CBHW060903050426
42453CB00010B/1551